AF244750

M. SYLVAIN CAUBERT

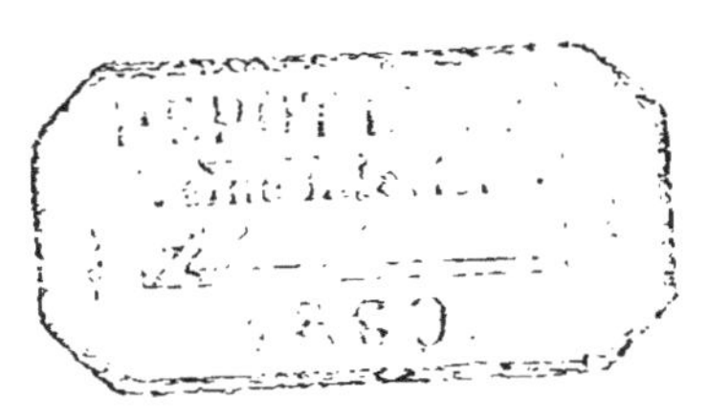

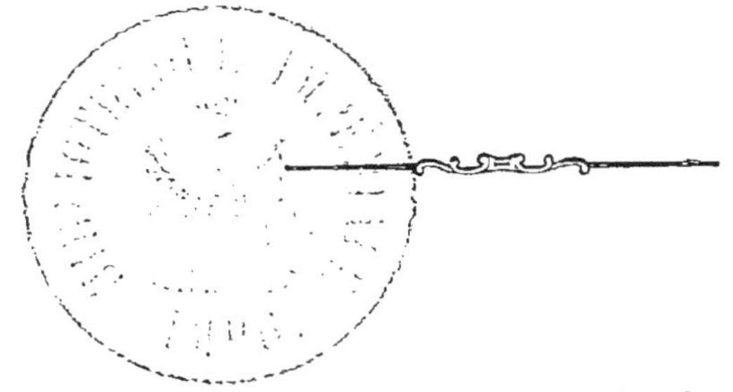

Le 27 août 1862 a été un jour de deuil et de profonde douleur pour la vallée de Montmorency : on célébrait, à Soisy, les funérailles de M. Sylvain Caubert, l'un des plus anciens habitants de la vallée, connu par ses vertus chrétiennes et ses nombreux bienfaits. L'affluence de population était considérable ; on y était accouru de tous les points : parmi cette foule, on y remarquait les sommités des OEuvres de Charité et de Bienfaisance, tant de la capitale que des pays voisins. Tous avaient voulu payer un juste tribut d'attachement, de respect et de vénération à cet homme de bien. La Société de *Secours mutuels de Montmorency*, dont M. Caubert était le cher et vénéré président, assistait tout entière, bannière en tête, à cette triste cérémonie. Tous ses membres, au nombre de près de six cents, s'étaient fait un pieux devoir de lui donner ce dernier témoignage de leur estime, de leur affection et de leurs regrets ; tous, accablés sous le poids de la douleur, étaient pénétrés de la perte immense qu'ils venaient de faire.

Après la messe, célébrée par M. l'abbé Laurentie, curé de Paris, et les dernières prières dites sur la tombe par M. l'abbé Diot, curé de Montmorency, deux discours ont été prononcés : l'un, par M. N. Bricon, vice-président de la Société de Prévoyance et de Secours Mutuels de Montmorency ; l'autre, par M. Lefèvre-Pontalis, maire de Taverny.

DISCOURS DE M. NOEL BRICON.

« Messieurs,   Mes amis,

« C'est sur le bord d'une tombe qui nous est à tous bien chère que je vais vous parler de notre bon et vénérable président; c'est avant de lui dire le suprême adieu que je veux vous entretenir de cet homme excellent qui fut pendant dix-sept ans le père de notre admirable Société.

« Oui, il était bien notre père à tous, celui que nous accompagnons aujourd'hui à sa dernière demeure, entouré des regrets et des larmes de ses nombreux enfants ; oui, sa perte est irréparable pour nous et l'objet d'un deuil universel.

« N'est-il pas triste et bien pénible d'être si promptement séparé d'un ami aussi précieux et dont la vie nous était si chère à tous ?

« Nous avons commencé à bien connaître M. Sylvain Caubert à partir de 1845, époque où il fut appelé à la tête de notre Société. Déjà nos pères nous parlaient depuis longtemps de la maison Javon-Caubert comme d'une maison remarquable par sa bienfaisance, de M. Sylvain comme d'un homme exceptionnel, doué d'un naturel généreux et droit, d'un cœur parfait, qui consacrait sa vie à améliorer et adoucir les jours des malheureux.

« Né dans la commune de Soisy, d'une famille honorable, pieuse et riche, qui se vouait au soulagement de l'infortune, et qui déjà avait rendu d'immenses services à son pays, M. Caubert, marchant sur les traces de ses aïeux, se mit à la tête de plusieurs sociétés de philanthropie et de bienfaisance de la capitale, mérita ainsi l'estime, la considération et l'amitié de tous, et acquit d'avance son titre de président que nos suffrages lui décernèrent à l'unanimité. Il y avait donc dix-sept ans que nous étions heureux et fiers de l'avoir pour président de notre Société, dont il était aussi l'habile administrateur. C'est de cette époque de 1845, c'est à lui, c'est à son zèle infatigable, c'est à ses nobles efforts que notre œuvre doit sa prospérité; c'est à sa vigilance et à sa sollicitude toute paternelle qu'elle doit d'être devenue une Société modèle, imitée et enviée partout. En effet, nous avons toujours vu M. Sylvain Caubert prendre ses intérêts avec le dévoûment d'un père de famille qui aime à s'occuper de ce qui est cher et utile à ses enfants. Et vous, mes amis, n'étiez-vous pas tous les siens? Vous savez avec quel plaisir et avec quel bonheur, dans toutes nos assemblées, il vous appelait de ce doux nom : Mes enfants !

« Vous savez combien il a fait pour nous tous, et comme toujours son dévoûment était prêt pour chacun de nous, quand il s'agissait de rendre service. Affable et généreux pour tous, affectueux et plein de douceur, venez me voir, mes enfants, nous disait-il souvent; vous me trouverez toujours disposé à vous aider; ma maison sera toujours ouverte à mes chers ouvriers de la Société.

« Combien il était heureux, ainsi que sa digne et vertueuse compagne, Mme Caubert, de vous recevoir chez lui, ici près, dans cette maison que nous nous plaisons tous à nommer la maison du bon Dieu, tant l'accueil y était agréable et cordial à tout le monde, à nous voir tous réunis en grand nombre, et prendre part aux plaisirs que sa bonté nous préparait chaque année.

« Vous tous qui êtes réunis en si grand nombre autour de ce cercueil, vous savez de combien de bonnes œuvres a été semée la vie de cet homme de bien par excellence ; vous vous souvenez des paroles que notre digne président vous adressait sur la tombe de vos camarades que notre Société avait la douleur de perdre; vous n'avez pas oublié, j'en suis sûr, les salutaires conseils qu'il vous donnait en tous temps et en toutes occasions; vous savez avec quelles larmes, quels regrets, quelle profonde tristesse, avec quelle touchante éloquence sa voix tant aimée disait le suprême adieu à ses amis regrettés.

« Hélas! aujourd'hui il faut que ce soit notre tour de nous séparer à jamais de lui !

« Vous dirai-je, moi son collègue et son collaborateur

pendant ces dix-sept années qui ont été bien courtes pour moi, combien nos relations étaient douces, agréables et affectueuses; dirigé par ses conseils, guidé par son exemple, il savait rendre ma tâche facile; admis dans son intimité, j'ai été à même d'apprécier ses hautes qualités et de reconnaître en lui le père de la charité.

« Et vous, Messieurs, mes collègues du comité d'administration, vous vous rappelez quel accord parfait a toujours régné parmi nous : jamais de discussions irritantes; tous, à l'exemple de notre chef, animés du bien de la Société, nous n'avons cessé de marcher unis par la sympathie que nous inspirait notre président. Je vous adjure donc, sur cette tombe encore ouverte, de promettre que nous serons toujours fidèles aux mêmes sentiments, que nous continuerons notre œuvre sur les bases solides établies par M. Caubert, et qui ont si puissamment contribué à sa prospérité.

« Mais ce n'est pas seulement dans la direction de notre Société que nous devons regretter et pleurer notre président; il avait un autre titre à notre amitié, à notre respect et à notre vénération, celui que la religion imprime d'une manière ineffaçable dans une âme aussi généreuse, aussi pure et aussi vertueuse que la sienne. En effet, n'était-ce pas la foi la plus vive et la plus inébranlable qui animait ce cœur si noblement chrétien, et dont il a donné des preuves jusqu'au dernier moment?

« Rappelons-nous, mes amis, qu'il laisse une veuve bien-aimée dont la bonté pour nous et notre Société s'alliait si bien aux intentions de son digne époux; entourons-la de nos respects, de notre vénération; reportons sur elle toute l'affection que nous avions pour notre bon président, et considérons-la comme une seconde mère.

« Il y a peu de jours encore, c'était à notre assemblée générale de dimanche dernier, nous recueillons, sans nous douter du coup cruel qui allait nous frapper, ses dernières paroles qui étaient comme son testament : vous vous le rappelez, il nous disait dans une lettre que sa main déjà glacée par la mort avait eu peine à signer : « A revoir, mes amis!

à bientôt, et pour longtemps !... » Tristes et prophétiques paroles, hélas ! Oui, pour longtemps, trop longtemps sans nous revoir; notre cher notre bon président, si ce n'est au Ciel, votre digne patrie, d'où nous avons le ferme espoir que votre tendresse paternelle veillera encore sur votre fidèle Société, sur votre épouse inconsolable, pour nous entourer tous de cette protection que donne la prière faite dans le sein de Dieu.

« Adieu donc, notre bon président ! adieu, notre guide, notre conseiller, notre ami et notre père, ou plutôt, comme vous nous le dites vous-même, au revoir ! »

DISCOURS DE M. LEFÈVRE-PONTALIS.

« Messieurs,

« Nous sommes ici une grande famille qui a perdu son père et son chef, et c'est une douleur pleine d'accablement qui nous réunit en foule autour de cette tombe pour pleurer l'irréparable perte dont nous sommes tous victimes. Ah ! quelle anxiété s'est communiquée au loin quand nous avons entendu dire : « Il est bien malade, » et quel coup nous a frappés quand nous avons reçu cette lamentable nouvelle : « Il est mort ! » Eh quoi ! la vieillesse n'avait pas eu prise sur lui, il avait gardé l'activité infatigable de ses jeunes années, la puissance intacte de toutes ses facultés, la généreuse chaleur de tous ses attachements; jamais son grand cœur n'avait battu plus fortement pour les affections dont nous recueillons tous notre part, et voilà qu'avant d'avoir pu nous préparer à la séparation des derniers jours, nous sommes tout à coup réduits à lui dire adieu hors de sa demeure et dans ce cimetière. Hélas ! nous ne reverrons plus son regard brillant et pur qui reflétait son amour du bien ; nous ne saluerons plus son front si vénérable qui était comme marqué au signe de l'honneur ; nous n'entendrons plus sa parole si franche, si loyale, si ferme et si tendre ; nous ne presserons plus ses mains bienveillantes et affectueuses qui ont si souvent serré les nôtres ! Nous ne le retrouverons plus associé à nos joies et à nos chagrins ; nous ne l'aurons plus à nos côtés, nous encourageant par ses conseils et nous raffermissant par ses exemples.

« Et cependant, écoutez, il nous parle encore ; il nous parle par sa vie et il nous parle par sa mort.

« Vous le savez, Messieurs, volontairement éloigné des affaires publiques par une fermeté de caractère devenue rare de nos jours, M. Caubert avait fait à la fidélité des opinions de sa jeunesse le sacrifice de toute ambition, et cependant ce n'était pas dans la vie privée qu'il s'était enfermé. Il avait voulu penser aux autres avant de penser à lui-même, et il s'était dévoué sans relâche à la bienfaisance qui remplissait toutes ses œuvres et occupait toutes ses pensées : il s'était multiplié pour venir en aide à ceux qui travaillent et qui ont besoin de leur travail pour vivre, et, à la ville comme à la campagne, il était l'un des bienfaiteurs les plus zélés et les plus aimés des populations ouvrières dont il entretenait autour de lui le bien-être et les bonnes mœurs. C'était au milieu de vous que le rappelait sans cesse son établissement de prédilection, la Société de secours mutuels de Montmorency, cette société d'élite qu'il a renouvelée, développée, enrichie, dont il aimait encore, le mois dernier, à donner la fête dans son jardin ouvert à tous, dont il me disait, la dernière fois que vous l'aviez nommé votre président : Elle m'a donné d'heureuses journées, cette Société dans laquelle vous avez recueilli ses dernières paroles et à laquelle son nom demeure impérissablement attaché.

« Ce ne sont pas seulement ses œuvres qui, avec vous tous, lui font cortége jusqu'ici ; ce sont aussi ses vertus, auxquelles vous rendiez tous hommage, la dignité sans tache de sa vie, la droiture incorruptible de son cœur, la générosité et l'affabilité de son caractère, sa tolérance pour les autres en même temps que sa sévérité pour lui-même, la fermeté et la sincérité de sa foi chrétienne, dont il remplissait tous les devoirs et dont il a reçu toutes les consolations avec la pleine connaissance de lui-même, entouré de tous les siens agenouillés autour de son lit, leur laissant à chacun un mot de souvenir, et acceptant pour lui le sacrifice de la vie heureuse d'ici-bas avec une fermeté d'âme dont nous aurions tous gagné à être les témoins; nous retrouvions en lui tout ce qui fait l'homme meilleur, tout ce qui l'honore, le grandit et le fait aimer; c'est de lui qu'on peut dire avec le saint Evangile : « Il a choisi la meilleure part et « elle ne lui sera pas ôtée. »

« Voilà pourquoi il ne nous parle pas seulement par sa vie, mais encore il nous parle par sa mort; car sa mort, Messieurs, c'est celle du juste, qui laisse après lui sur cette terre les enseignements de ses bonnes actions, et qui, grâce à cette âme immortelle que nous n'avons pas ensevelie dans cette tombe, reçoit là-haut la récompense d'une vie consacrée au service de Dieu et des hommes. A nous de le suivre pour le retrouver un jour et ne pas manquer au dernier rendez-vous qu'il nous donne !

« Et, maintenant, il ne me reste plus qu'une parole à dire, la parole de la séparation et de la tristesse, la parole du dernier et solennel adieu.

« Puisqu'il faut vous quitter, ô mon cher protecteur, ô mon vénérable ami, adieu au nom de tous ceux qui vous pleurent !

« Adieu au nom des présents et des absents !

« Adieu au nom de la famille dont vous faisiez la joie et l'orgueil, que vous laissez dans le deuil, et dans laquelle vous survit la chère compagne qui n'a plus d'autre désir que celui de vous rejoindre !

« Adieu au nom des habitants de cette vallée, dont vous avez connu les pères, et dont vous voyez grandir les enfants, qui vous regardaient comme leur patriarche et qui ne passeront plus sans un douloureux serrement de cœur auprès de votre demeure hospitalière !

« Adieu au nom de tous vos amis qui aimaient tant à profiter de vos entretiens et à venir chercher votre accueil !

« Adieu au nom de tous ceux à qui vous faisiez du bien et qui avaient encore si grand besoin de vous !

« Adieu au nom de cette Société de secours mutuels dont vous avez été jusqu'à votre dernière heure le président bien-aimé, et dont vous serez là-haut le saint patron ! Adieu au nom de cette Société de secours mutuels qui vous a dû ses jours de prospérité, qui, en vous perdant, se sent frappée à la tête et au cœur, mais qui, sur votre tombe, jure de ne pas abandonner son poste et de rester fidèle à sa bannière !

« Adieu au nom de la France, à qui la mort enlève en vous l'un de ses plus vaillants hommes de bien et l'un de ses meilleurs citoyens ! »

---

*Extrait du journal l'*Union *, du 28 août* 1862.

« Les grandes œuvres, si fécondes et si humbles à la fois, que le génie renaissant et toujours inépuisable de la charité chrétienne a inspirée à notre siècle, ont eu cette fortune de rencontrer en France, et à Paris surtout, pour les soutenir et pour les développer, une sorte de fonds commun d'âmes élevées et vigoureuses, de cœurs chauds et compatissants, d'esprits fortement et intelligemment trempés, à qui rien ne coûte, qui ont le secret des dévoûments infatigables et pour qui la vie entière n'est qu'un long et laborieux exercice de l'abnégation et de la générosité. Or, parmi ces noms, élite de notre société catholique, parmi ces noms que connaissent toutes les infortunes et que la religion bénit avec une tendre et maternelle reconnaissance, il en est peu qui puissent laisser derrière eux d'aussi touchants, d'aussi admirables souvenirs que celui de M. Sylvain Caubert.

« J'ose le dire en face de sa tombe à peine fermée : c'était vraiment un grand homme de bien ; et ce mot, il me semble, résume les éloges qui, dans toutes les bouches, se mêlent aux regrets profonds causés par sa perte récente et presque inattendue. Il n'y avait pas, en effet, parmi nous, une entreprise de zèle et de foi, pas une création pieuse et charitable qui ne le comptât pour patron, pour conseiller, pour bienfaiteur. Il leur donnait sa fortune qui était considérable, son temps dont les loisirs imposés par une conscience incorruptible lui appartenaient tout entiers; il leur donnait sa belle et rapide intelligence, sa prodigieuse activité, son influence étendue et respectée; et, quand il avait tout donné, il se donnait lui-même, tête, cœur et bras.

« S'agissait-il, au lendemain de 1830, sous l'impulsion du saint et magnanime Mgr de Quélen, d'arracher aux horreurs de la misère les orphelins du choléra, M. Sylvain Caubert était au premier rang. L'Association des « Amis de l'Enfance, » ces protecteurs de la jeunesse parisienne, n'avait pas de soutien plus affectueux. L'Œuvre de la Miséricorde, l'une des plus difficiles et des plus consolantes, puisqu'elle réserve ses secours aux pauvres honteux, c'est-à-dire à ces abîmes de douleurs et de souffrances qui ne se peuvent révéler, qu'il faut sonder avec une discrétion si exquise, et dont on n'essaie de combler les profondeurs qu'à force de tact et de secret, l'Œuvre de la Miséricorde était heureuse de lui confier ses plus délicates missions et de lui devoir ses plus doux triomphes. Il lui était réservé de former et de conserver la Société de secours mutuels, la plus florissante des cantons ruraux, et rien n'égale l'esprit de sincère fraternité et de noble indépendance dont il anima jusqu'au dernier soupir cette réunion des ouvriers de Montmorency, gage à la fois d'ordre et de paix, d'amitié et de travail. Que de fondations religieuses dont il a été l'âme! Que d'écoles, que d'établissements d'instruction ou d'assistance il a développés ou agrandis!

» Attaché par le fond des entrailles à la liberté de la charité, jaloux d'en défendre et d'en garantir partout les droits, M. Sylvain Caubert n'hésitait pas à se mêler aux efforts de la bienfaisance publique tant qu'on y savait mettre hors d'atteinte l'indépendance loyale de son caractère et de ses principes. De même aussi apportait-il un concours puissant à des œuvres dont il élevait la pensée d'humanité jusqu'à la pratique des conseils évangéliques. A ce titre, il occupait un des rangs les plus utiles dans le conseil de la Société philanthropique de Paris.

« La haute estime dont il était entouré n'était pour lui qu'un moyen de plus de faire le bien. Jamais il ne s'était démenti dans la profession de ses doctrines religieuses et politiques ; cette inflexibilité, qui lui attribuait une place à part, et qui était accompagnée d'une bienveillance conciliante pour autrui, augmentait encore le crédit dont il était revêtu. M. Sylvain Caubert appartenait, par sa naissance et par sa famille, à cette aristocratie de classes moyennes qui, par fidélité aux grands principes, par ses sacrifices dans la vie publique, par sa coopération active au patronage des classes souffrantes, remplit, dans notre société moderne, une mission si élevée et si féconde. Les siens avaient donné leur sang pour la royauté sur les échafauds et dans les crises de la Révolution ; en 1814 et 1848, M. Sylvain Caubert déploya un courage et un dévoûment dignes d'eux.

« Depuis 1830, il avait renoncé à tout ce qui pouvait lui offrir d'honneurs et d'avantages une position enviée et brillante. Il s'était fermé la vie publique, ne consentant pas à y entrer à un prix qui eût révolté sa conscience. Il en fut récompensé par les services considérables que, dans sa retraite volontaire, il sut rendre à son pays, à sa cause et à sa foi ; il en fut récompensé par cette renommée si pure et par ces bénédictions si précieuses dont il est en possession.

« Dans la famille dont il avait gardé les traditions vénérables, M. Sylvain Caubert exerçait une sorte de patriarchat plein d'ascendant et de bonté. N'ayant pas eu le bonheur d'avoir d'enfants lui-même, il avait adopté, en quelque manière, ceux qui lui touchaient de plus près ; et c'était un spectacle des anciens âges que l'hospitalité généreuse et simple qui réunissait autour de lui plusieurs générations et qui mêlait la vivacité, le goût, l'élégance de la jeunesse à la gravité, à la réserve, à l'aménité des vieilles mœurs.

« M. Caubert animait ce foyer si largement ouvert, par un esprit distingué, orné, ami du beau et surtout du bien. Il était sensible aux délassements des lettres, aux puissances de l'art. Il prenait plaisir à embellir sa demeure des champs de tout ce que la nature prodigue de plus brillant et de plus suave.

« C'est là, c'est à Soisy, au milieu de cette délicieuse vallée de Montmorency, qui lui était si chère et où il était si honoré, que la mort est venue le trouver. Bien qu'âgé de soixante-douze ans, il avait gardé une force prodigieuse de tempérament à laquelle répondait l'énergie de son âme. Du premier moment de sa courte maladie, il se sentit frappé sans ressources, et il se prépara en chrétien. Bien qu'autour de lui la tendresse de sa femme et de ses parents ne pût croire à la gravité du mal, il voulut repasser, dans un recueillement solennel, sa vie tout entière ; il reçut ensuite le pain des forts et l'onction suprême ; et, plein de ce calme qui est la plus grande grâce du dernier passage, il bénit tous ceux qu'il aimait, adressant à chacun un adieu, un conseil et une espérance, et s'animant lui-même au souvenir des morts prédestinées dont il avait été le témoin parmi les siens.

« Heureux les chrétiens qui ont ainsi vécu et qui meurent dans cette douce résignation et cette sécurité !

« M. Sylvain Caubert laisse après lui le grand exemple de tout le bien que peut accomplir, en dehors de la vie publique et dans les loisirs actifs d'une retraite volontaire, un homme de talent, de courage et de vertu. Jamais peut-être n'a mieux pu s'expliquer cette incomparable promesse de bonheur que l'Eglise réserve à ceux qui peuvent se présenter devant le souverain juge accompagnés par leurs œuvres : *Beati...; opera eorum sequuntur eos !*

« Henry DE RIANCEY. »

Extrait de l'Opinion nationale, *du 27 août 1862.*

« Une noble existence, remplie de bonnes œuvres et de dévoûments utiles, vient de s'éteindre à Soisy. M. Sylvain Caubert, président de la Société de Prévoyance et de

Secours Mutuels de la vallée de Montmorency, était une véritable providence pour la classe ouvrière de cette circonscription. Il avait rendu des milliers de travailleurs à l'estime d'eux-mêmes. Il suffirait de quelques hommes comme M. Sylvain Caubert pour élever le niveau moral de la population ouvrière dans toute la France.

« La vertu a le même droit à nos respects que la gloire : voilà pourquoi nous avons parlé de la mort de M. Sylvain Caubert à cette place.

« FR. DUCUING. »

DISCOURS

Prononcé le 28 *septembre* 1862, *à l'assemblée générale de la* Société de Prévoyance et de Secours Mutuels de Montmorency, *par* M. *le baron* BURTHE D'ANNELET, *membre honoraire, habitant Andilly.*

« Messieurs les sociétaires,

« Vous avez entendu, en dehors de cette enceinte, les paroles les mieux senties et les plus vraies consacrées à honorer la mémoire du digne président dont nous déplorons tous la perte cruelle ; mais il nous reste, ce me semble, un dernier et pénible devoir à remplir, c'est de faire retentir le lieu solennel de nos séances de l'expression de notre douleur, d'y proclamer bien haut notre reconnaissance envers l'homme de bien accompli dont la vie trop courte fut pourtant un long bienfait : nous devons faire plus encore, laisser parvenir l'écho douloureux de nos regrets jusqu'à la noble veuve de notre cher président, jusqu'à cette famille aujourd'hui si éprouvée qui sut, en des jours meilleurs, nous accueillir comme ses propres enfants : que cette honorable famille, à qui l'adversité commune semble nous attacher encore davantage, accepte le respectueux tribut de notre sympathique intérêt ; qu'elle sache bien que son affliction est la nôtre, que son malheur est notre malheur, je dirai plus, qu'il est un malheur public : le deuil profond qui envahit tous les cœurs lorsque se répandit dans notre reconnaissante vallée la fatale nouvelle en est une preuve suffisante.

« Vous rappelerai-je, Messieurs, que M. Caubert fut non-seulement le chef vigilant, éclairé de notre Société, mais qu'il voulut être avant tout l'ami, le bienfaiteur, le père de chacun de nous? Non, sans doute, car aucun de nous n'a perdu le souvenir des services rendus, de cette bonté si affable, de cette charité toute chrétienne, qui savaient doubler la valeur d'un bienfait. Je ne crains pas de le déclarer hautement ici, M. Sylvain Caubert a bien mérité de la Société de Prévoyance et de Secours Mutuels de Montmorency. Le souvenir des vertus de notre ancien président, du zèle qu'il déployait sans cesse dans l'intérêt de notre œuvre, l'état si florissant dans lequel il nous l'a laissée, tout m'autorise à parler de la sorte, d'autant plus que je crois être, en ce moment, l'interprète de sentiments unanimes. Conservons donc, messieurs les sociétaires, religieusement au fond de nos cœurs, l'image de celui qui doit prendre rang parmi les bienfaiteurs de l'humanité, et léguons un jour sa mémoire à nos successeurs comme un héritage, un modèle digne de respect et d'amour.

« Mais plus est grande la perte que nous venons de faire, plus aussi nos devoirs deviennent importants. Il ne faut pas se le dissimuler, la privation d'un président aussi accompli est pour notre Société de Prévoyance une rude épreuve : la Providence nous l'a imposée, inclinons-nous devant son arrêt, sans nous laisser abattre. Et, du reste, n'avons-nous pas pour nous guider au milieu des difficultés que l'avenir nous réserve, les saintes traditions du passé, les précieux conseils que notre président nous adressa en d'autres circonstances, et dont l'application se retrouve tout entière aujourd'hui?

« Croyez-le bien, Messieurs, si la voix du président Caubert pouvait encore retentir dans cette assemblée, nous l'entendrions nous exhorter à réunir nos efforts, à rassem-

bler tout ce que nous possédons de force , de constance , de
foi dans le bien pour travailler à l'œuvre commune; il nous
recommanderait de nous recueillir et de méditer lon-
guement avant de prendre une décision, de recherche
avant tout et toujours l'intérêt de notre Société, le bien de
nos sociétaires. Pour cela, il ne manquerait pas de nous
inviter à l'abnégation, à la modération et à la concorde. De
l'abnégation! il en faut beaucoup, je le sais, pour aban
donner une motion que dictent les intentions les plus pures
le zèle le plus ardent; mais, dans les conditious où nou
nous trouvons en ce moment, toute innovation serait un
véritable danger. Sans doute, Messieurs, l'œuvre des
hommes est toujours perfectible; mais rappelons-nous que
tous les instants ne sont pas propices pour opérer des chan-
gements. Défions-nous donc, et pour longtemps, de toute
pensée d'innovation, même lorsqu'elle séduirait notre
esprit par ses résultats possibles. Ce qu'il nous importe surtout aujourd'hui, c'est de maintenir notre utile création
à la hauteur où l'a placée notre dernier président, et de lui
conserver le rang qu'elle occupe parmi les Sociétés noblement rivales qui nous environnent et qui ont pris exemple
sur nous. Par la suite, il sera temps de songer, s'il y a lieu,
à la perfectionner. La modération et la concorde ne nous
sont pas moins nécessaires pour arriver au noble but que
nous nous proposons. Ne perdons point de vue, en effet, que
nous sommes tous ici solidaires, responsables les uns des
autres, et que la prudence dans nos paroles doit égaler la
sagesse dans nos actes. Union dans le présent, confiance
dans l'avenir, telle doit être notre devise.

« Soutenons sincèrement, messieurs les sociétaires,
l'homme de bien si honorablement connu de nous par les
services rendus, l'expérience acquise, le dévoûment à
toute épreuve et qui se trouve ainsi désigné d'avance pour
présider nos réunions. Serrons-nous autour de notre
comité d'administration toujours si dévoué à l'œuvre
commune, autour de ces chefs de section, qui ont répondu
à votre confiance par leur intelligente activité, autour de
ceux de nous, en un mot, qui, par leur initiative éclairée

ou leurs efforts sagement réunis, auront à cœur de sauvegarder notre bienfaisante association.

« En agissant ainsi, nous consoliderons, au lieu de l'ébranler, l'institution à laquelle M. Sylvain Caubert a consacré son intelligence, son cœur, sa vie tout entière, et nous aurons trouvé le meilleur hommage à rendre à sa mémoire.

« Alors seulement, messieurs les sociétaires, nous aurons fondé une œuvre durable, méritoire, que la Providence bénira. Plus tard, si de nouveaux écueils apparaissent sur notre route, l'ombre tutélaire de notre vénéré président viendra encore nous inspirer et nous guider pour nous conduire au port. »

Rouen.—Imp. Lapierre et Cᵉ, rue St-Etienne-des-Tonneliers, 1.

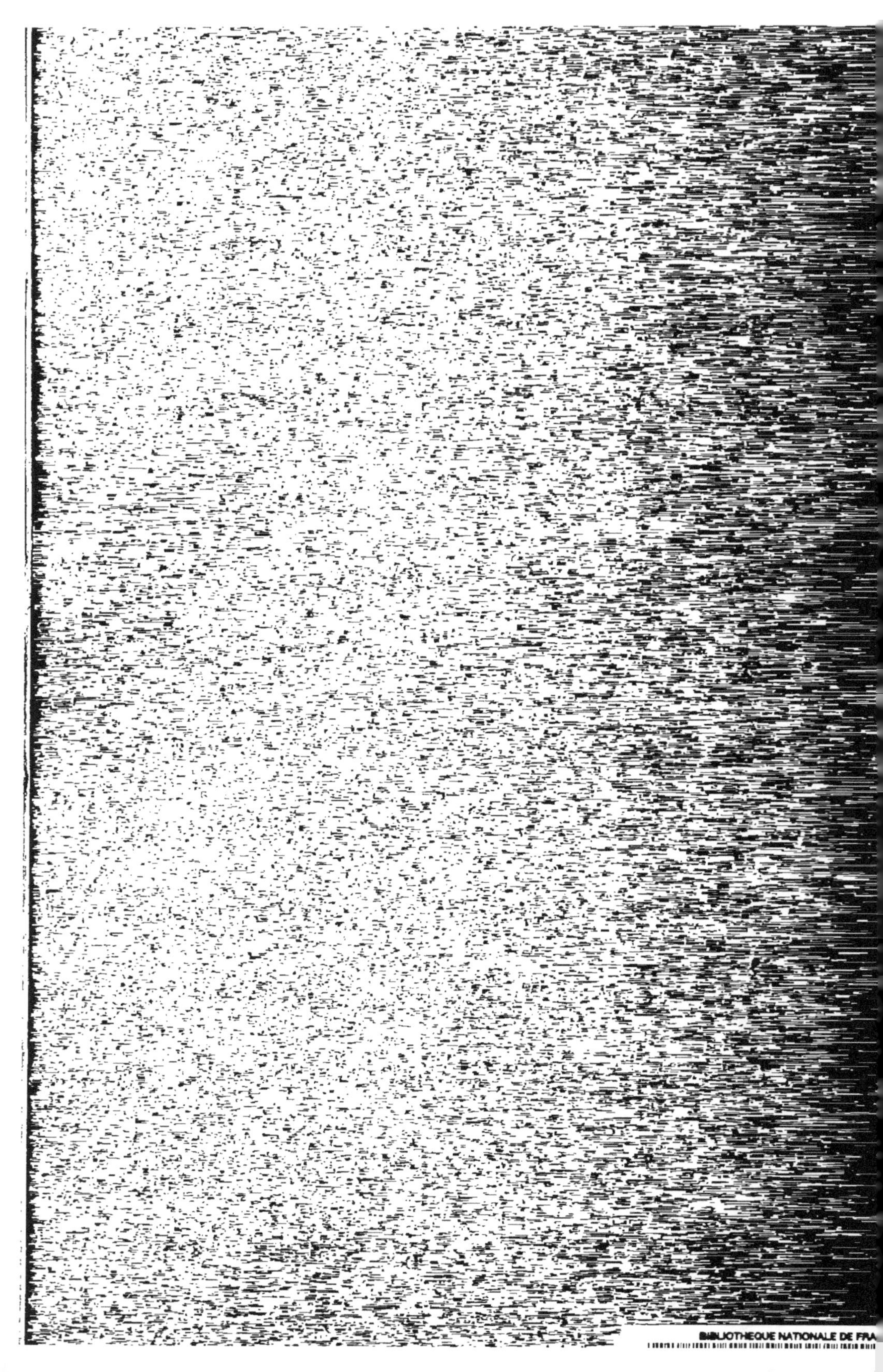